Vente du Mardi 28 Mai 1872.

AQUARELLES ET DESSINS

ANCIENS ET MODERNES

Exposition publique:

Le Lundi 27 Mai 1872

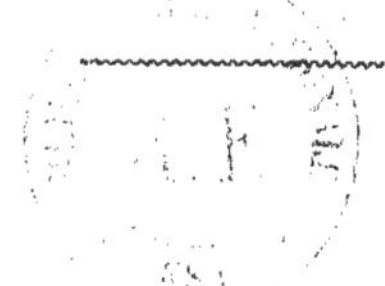

COMMISSAIRE-PRISEUR	EXPERT
Me CHARLES PILLET	M. FÉRAL, PEINTRE
10, rue de la Grange-Batelière	Rue de Buffault, 23.

PARIS — 1872

CATALOGUE

DE

DESSINS & AQUARELLES

ANCIENS & MODERNES

PARMI LESQUELS ON REMARQUE

LES SINGES ET CHIENS SAVANTS

Par DECAMPS

ET AUTRES

PAR BOUCHER, FRAGONARD, HUET, ALT, ETC., ETC,

DONT LA VENTE AURA LIEU

HOTEL DROUOT, Salle N° 3

Le Mardi 28 Mai 1872

A DEUX HEURES.

Par le ministère de **M° CHARLES PILLET**, Commissaire-Priseur,
10, rue de la Grange-Batelière,

Assisté de **M. FÉRAL**, Peintre-Expert, 23, rue de Buffault.

EXPOSITION PUBLIQUE : le Lundi 27 *Mai* 1872,

DE UNE HEURE A CINQ HEURES

CONDITIONS DE LA VENTE

Elle sera faite au comptant.

Les adjudicataires payeront *cinq pour cent*, en sus des enchères.

Paris. — Imprimerie Pillet fils aîné, rue des Grands-Augustins, 5.

DÉSIGNATION

AQUARELLES & DESSINS

ANCIENS

BOUCHER (François)

1 — Bacchante fustigée par l'Amour.

Très-beau dessin ; crayon noir et pastel sur papier de couleur.

Haut., 35 cent.; larg., 23 cent.

BOUCHER (François)

2 — Jeune femme mollement étendue, la tête appuyée sur le bras gauche.

Très-beau dessin de l'artiste, signé F. Boucher. Crayon noir et blanc sur papier gris.

Haut., 24 cent.; larg., 40 cent.

BOUCHER (FRANÇOIS)

3 — **Fête de village.**

Au centre, un homme montre la lanterne magique; sur le devant, des enfants jouent au tourniquet; à gauche, des jeunes gens et des jeunes filles dansent en rond, etc.

Dessin important de l'artiste.

Crayon noir rehaussé de blanc à la gouache.

Haut., 27 cent.; larg., 45 cent.

BOUCHER (FRANÇOIS)

4 — **Vénus et Adonis.**

La déesse a quitté son char, trois Amours jouent avec des colombes; un autre entoure les amants d'une guirlande de fleurs.

Crayon noir et blanc sur papier bleu, signé F. Boucher, 1767.

Haut., 32 cent.; larg., 22 cent.

BOUCHER (FRANÇOIS)

5 — **Composition allégorique pour un portrait de la reine Marie Leczinska.**

Crayon noir, signé F. Boucher.

Haut., 35 cent.; larg., 27 cent.

BOUCHER (J.)

6 — Pastorale.

Très-joli dessin de l'artiste pour un éventail.

Haut., 18 cent.; larg., 41 cent.

BOUCHER (F.)

7 — La Folie.

Mine de plomb.

Haut., 18 cent.; larg., 11 cent.

DEGAULT

8 — Neptune et Amphitrite.

Ils sont traînés par des chevaux marins et accompagnés des tritons, des naïades et des Amours.

Fine gouache en grisaille.

Haut., 8 cent.; larg., 24 cent.

DU VIVIER (IGNACE)

9 — Halte de bohémiens.

Ils sont au pied de quelques rochers entourés de leurs troupeaux.

Haut., 37 cent.; larg., 57 cent.

DU VIVIER (IGNACE)

(PENDANT DU PRÉCÉDENT.)

10 — Villageois traversant un cours d'eau.

Ils sont montés sur des mulets et chassent devant eux un troupeau de vaches, chèvres et moutons.

Beaux dessins à l'aquarelle dans la manière de Casanova.

Haut., 37 cent.; larg., 57 cent.

FRAGONARD (HONORÉ)

11 — Scène villageoise.

Une jeune femme et deux jeunes villageois jouent avec un enfant qui refuse de prendre part à leur repas; sur la gauche, deux autres enfants; l'un boit du lait dans une jatte; l'autre, monté sur un escabeau, caresse une vache.

Très-beau dessin de l'artiste.

Haut., 33 cent.; larg., 46 cent.

FRAGONARD (HONORÉ)

12 — L'Adoration des Mages.

Vigoureux et très-beau dessin de l'artiste, composition dans le style de Rubens.

Haut., 35 cent.; larg., 25 cent.

FRAGONARD

13 — L'Adoration des bergers.

Sanguine.

Forme cintrée. Haut., 17 cent.; larg., 29 cent.

FRAGONARD

14 — La Noce de village.

Les nouveaux mariés sont assis autour d'une table dressée à l'ombre de grands arbres; au centre, un jeune homme danse.

Sanguine.

Haut., 35 cent.; larg., 48 cent.

FRAGONARD

15 — Parc avec grand escalier, balustrade de pierre et statues; figures au premier plan.

Joli dessin à la sanguine.

Haut., 25 cent.; larg., 43 cent.

FRAGONARD

16 — Jeune femme debout tenant un éventail.

Sépia.

Haut., 28 cent.; larg., 10 cent.

FRAGONARD

17 — Paysage avec chaumière.

Crayon et sépia.

Forme ronde. Diam., 15 cent.

FREUDEBERG

17 *bis*. — Le Joueur de violon.

Il est debout, près de lui trois enfants et trois femmes l'accompagnent en chantant.

Très-jolie aquarelle, signée S. Freudeberg, 1770.

Haut., 19 cent.; larg., 25 cent.

FREUDEBERG

(PENDANT DU PRÉCÉDENT.)

18 — Scène de famille.

Le père embrasse le plus jeune de ses enfants que la mère craintive soutient encore dans ses bras.

Très-jolie aquarelle, signée S. Freudeberg, 1770.

Haut., 19 cent.; larg., 25 cent.

GREUZE (J. B.)

19 — Villageois en voyage.

Beau dessin à l'encre de Chine, signé Greuze.

Haut., 30 cent.; larg., 38 cent.

HOIN

20 — Jeune femme assise sur une terrasse et tenant sur ses genoux une petite corbeille de fleurs.

Jolie aquarelle, signée Hoin, 1785.

Haut., 18 cent.; larg., 14 cent.

HUET (JEAN-BAPTISTE)

21 — Une bergère conduisant un troupeau.

Très-beau dessin à la pierre noire et à l'encre de Chine légèrement retouché à l'aquarelle.

Signé J.-B. Huet, 1776.

Haut., 26 cent. 1/2; larg., 37 cent. 1/2.

HUET (J.-B.)

22 — **La Dévideuse.**

Belle aquarelle, signée J.-B. Huet, 1779.

Haut., 29 cent.; larg., 38 cent.

HUET (J.-B.)

23 — Un mulet et quelques moutons dans un cours d'eau.

Délicieuse aquarelle signée J. B. Huet, 1772.

Haut., 15 cent. 1/2; larg., 21 cent. 1/2.

HUET

(PENDANT DU PRÉCÉDENT.)

24 — Un cheval et un chien.

Délicieuse aquarelle, signée J.-B. Huet, 1772.

Haut., 15 cent. 1/2; larg., 21 cent. 1/2.

LE BARBIER l'aîné.

(DEUX PENDANTS.)

25 — **1° Bataille;**

2° Centaures enlevant des jeunes filles.

Dessins d'une grande finesse.

Haut., 14 cent. 1/2; larg., 9 cent. 1/2.

NICOLLE

26 — L'Arc de Septime Sévère, à Rome.

Aquarelle.

ROBERT (LÉOPOLD)

27 — Paysan italien assis au pied d'un monument en ruine.

Aquarelle signée L. Robert, 1831.

Ovale. Haut., 22 cent.; larg., 28 cent.

ROBERT (HUBERT)

28 — Intérieur d'église.

Beau dessin à la sanguine, daté 1765.

Haut., 39 cent.; larg., 34 cent.

ROBERT (HUBERT)

29 — Monuments avec fontaine et laveuses.

Mine de plomb.

Haut., 34 cent.; larg., 49 cent.

SAINT-AUBIN (AUGUSTE DE)

30 — L'Artiste dans son atelier.

Plume et encre de Chine rehaussée de blanc.

Haut., 14 cent.; larg., 15 cent.

SAINT-AUBIN (GABRIEL DE)

31 — Portrait d'Adélaïde Castellas, 1776.

Buste de profil dans un médaillon de forme ronde, signé G. de St-A.

Mine de plomb.

Haut., 21 cent.; larg., 16 cent.

SWEBACH (ÉDOUARD)

32 -- Halte de soldats.

Aquarelle.

Haut., 17 cent.; larg., 26 cent.

SWEBACH (JACQUES)

33 — Costumes militaires ; sept dessins.

Aquarelles.

SWEBACH (JACQUES)

34 — Bataille.

Encre de Chine rehaussée de blanc, à la gouache, sur papier teinté.

Haut., 32 cent.; larg., 45 cent.

TINTORET

35 — La Fuite de Loth.

Sépia.

TRINQUESSE

36 — Une danseuse.

Sanguine et mine de plomb.

Haut , 22 cent.; larg., 18 cent.

INCONNU

27 — Le Chanteur Garat.

Aquarelle.

AQUARELLES & DESSINS

MODERNES

ALT (ROBERT)

38 — Portrait d'homme assis et vu de profil.

Belle aquarelle ayant figuré à l'Exposition universelle de 1867.

Signée R. Alt.

Haut., 24 cent.; larg., 18 cent.

ALT (ROBERT)

39 — Une plage.

Aquarelle d'une extrême finesse, signée R. Alt.

Haut., 9 cent.; larg., 16 cent.

ANDRIEUX

40 — Un homme assis.

Crayon noir.

BELLANGÉ (HIP.)

41 — La Barricade du bon coin, juillet 1830.

Très-fine aquarelle.

Haut., 17 cent.; larg., 21 cent.

BELLANGÉ (HIP.)

42 — L'Officier blessé.

Jolie aquarelle, signée H. Bellangé, 1845.

Haut., 16 cent.; larg., 20 cent.

BELLANGÉ (HIP.)

43 — Le Dimanche à vêpres.

Aquarelle.

Haut., 20 cent.; larg., 15 cent.

BELLANGÉ (HIP.)

44 — Le Départ du soldat.

Aquarelle.

Haut., 23 cent.; larg., 18 cent.

CHARLET

45 — L'Ecole des jeunes garçons.

Très-jolie sépia signée Charlet.

Haut., 11 cent.; larg., 13 cent.

CHARLET

46 — Un Priseur.

COCHIN

(DEUX DESSINS)

47 — 1° Une figure allégorique de la guerre ;

2° Une Hébée.

Sanguine.

COIGNET (JULES)

48 — Arbres et rochers.

Étude d'après nature.

Aquarelle.

Haut., 23 cent.; larg., 32 cent.

DAUMIER (HENRI)

49 — Un Habitué des coulisses municipales.

Aquarelle.

DAUZATS

50 — La Mosquée de Mourestan au Caire.

Belle aquarelle.

Haut., 41 cent.; larg., 28 cent.

DAVID (LOUIS)

51 — Jeune Femme dansant et jouant des castagnettes.

Aquarelle.

Haut. 26 cent.; larg., 20 cent.

DECAMPS

52 — Singes et chiens savants.

Au pied d'un vieux mur, un homme, assis, prépare la soupe à une troupe de singes et de chiens costumés qui l'entourent, pressés de prendre leur repas; un peu plus loin, un âne; vers le fond, une vieille femme chemine en s'appuyant sur un bâton.

Très-belle et importante aquarelle signée en toutes lettres : Decamps

Haut., 36 cent.; larg., 45 cent.

DECAMPS

53 — Matelot castillan vu de dos.

DECAMPS

(DEUX CROQUIS)

54 — 1° Un Singe;

2° Un Homme assis, tenant un enfant.

Crayon noir.

DECAMPS

55 — Marin espagnol debout, le cigare aux lèvres.

Crayon noir.

DECAMPS

56 — Deux Suissesses.

Sépia.

DELACROIX (AUGUSTE)

57 — Marins boulonnais.

Aquarelle.

Haut., 29 cent.; larg., 22 cent.

FRANCIA (LOUIS)

58 — L'Approche de Calais; marine.

Belle aquarelle, signée Francia.

Haut., 20 cent.; larg., 29 cent.

GÉRARD

59 — Intérieur du Vatican.

Aquarelle.

Haut., 32 cent.; larg., 24 cent.

GUDIN (THÉODORE)

60 — Marine par un temps orageux.

Délicieuse et fine aquarelle, signée T. Gudin.

Haut., 10 cent.; larg., 15 cent.

INGRES

61 — Leclerc architecte.

Etude pour le portrait qui a été gravé par Dieu.

Mine de plomb.

JACQUES (CH.)

62 — Chasseur et Laboureur au repos.

Crayon noir.

Haut., 29 cent. ; larg., 44 cent.

JACQUES (CH.)

63 — Le Labourage.

Plume et crayon noir.

Haut., 16 cent.; larg., 23 cent.

JEANRON

64 — Un jeune dragon.

Mine de plomb.

JOHN MARTIN

65 — Paysage avec ravins.

Aquarelle.

Haut., 13 cent.; larg., 18 cent.

JOYANT

66 — Vue de Venise.

Aquarelle.

Haut., 21 cent.; larg., 14 cent.

LAMI (EUGÈNE)

67 — Trois croquis.

Costumes pour le théâtre de l'Ambigu.

Aquarelle.

LEITCH

68 — Plage avec bateaux.

Aquarelle.

Haut., 11 cent.; larg., 17 cent.

MAROHN (FERDINAND)

69 — Le jeune Maurice sur la barricade, le 24 janvier 1848.

Aquarelle.

Haut., 32 cent.; larg., 27 cent.

MAROHN

70 — La jeune Sœur.

Joli dessin à la mine de plomb.

Haut., 20 cent.; larg., 14 cent.

MIDY (LOUIS)

71 — L'École buissonnière.

Aquarelle.

Haut., 20 cent.; larg., 27 cent.

MIDY (LOUIS)

72 — La Fermière coquette.

Aquarelle.

MOREAU (GUSTAVE)

73 — Tête de Christ.

Mine de plomb.

NÉMAN

74 — Paysage avec chasseurs.

Aquarelle.

Haut., 23 cent.; larg., 31 cent.

NIBBS (R.-H.)

75 — Le Port de Kingston-Sussex.

Très-belle aquarelle signée R. H. Nibbs.

Haut., 50 cent.; larg., 85 cent.

NOEL (JULES)

76 — Vue du Tréport, marée basse.

Aquarelle signée Jules Noël. 1869.

Haut., 20 cent.; larg., 38 cent.

NOEL (JULES)

77 — Paysage avec rivière, effet de soleil couchant.

Aquarelle.

Haut., 16 cent.; larg., 25 cent.

NORIE

78 — Le Départ du soldat.

Aquarelle.

Haut., 23 cent.; larg., 16 cent.

NORIE

79 — Le Mobile endormi.

Aquarelle.

Haut. 23 cent.; larg., 16 cent.

OUVRIÉ (JUSTIN)

80 — Le Château de Thünn. (Suisse.)

Aquarelle.

Haut., 14 cent.; larg., 17 cent.

RAGGIO

81 — Le Gardeur de buffles.

Belle aquarelle signée G. Raggio. Roma 71.

Haut., 42 cent.; larg., 29 cent.

ROQUEPLAN

82 — A la fontaine.

Aquarelle.

Haut., 21 cent.; larg., 16 cent.

ROQUEPLAN

83 — Paysan basque.

Aquarelle.

ROSA BONHEUR

84 — Moutons au repos.

Mine de plomb et crayon blanc.

Haut., 21 cent.; larg., 34 cent.

ROUSSEAU (PHIL.)

85 — Dix croquis.

Différents animaux, figures et natures mortes.

Crayon, sépia, encre de Chine, etc.

SCHERAYER

86 — Chevaux à la porte d'une écurie.

Effet de neige.

Mine de plomb.

SOLDÉ

87 — L'Autel de l'Amour.

Mine de plomb et aquarelle.

STANFIELD (C.)

88 — Marine.

Signée du monogramme.

Belle aquarelle.

Haut., 18 cent.; larg., 23 cent.

TASSAERT

89 — La Lecture à la malade.

Dessin.

Haut., 26 cent.; larg., 34 cent.

TESSON

90 — Pont à l'entrée d'un village avec blanchisseuses.

Aquarelle.

Haut., 21 cent.; larg., 35 cent.

TESSON

91 — Un Marché.

Aquarelle.

Haut., 16 cent.; larg., 23 cent.

TESSON

92 — Une Cour à Alger.

Aquarelle.

Haut., 27 cent. ; larg., 17 cent.

TESSON

93 — Plage avec pêcheurs.

Aquarelle.

Haut., 10 cent.; larg., 17 cent.

VATTIER (ÉMILE)

94 — Une jeune musicienne.

Aquarelle.

Haut., 26 cent.; larg., 20 cent.

VATTIER

95 — Femme et enfants dans un paysage.

Aquarelle.

VATTIER (ÉMILE)

96 — Le Printemps.

Beau dessin au crayon noir et blanc.

Forme ovale. Haut., 20 cent.; larg., 30 cent.

VATTIER (ÉMILE)

(PENDANT DU PRÉCÉDENT)

97 — L'Automne.

Forme ovale. Haut., 20 cent.; larg., 30 cent.

98 — Sous ce numéro seront vendus environ trente dessins et aquarelles non catalogués.

www.ingramcontent.com/pod-product-compliance
Ingram Content Group UK Ltd.
Pitfield, Milton Keynes, MK11 3LW, UK
UKHW021109270726
13993UKWH00006B/1996

AF590383